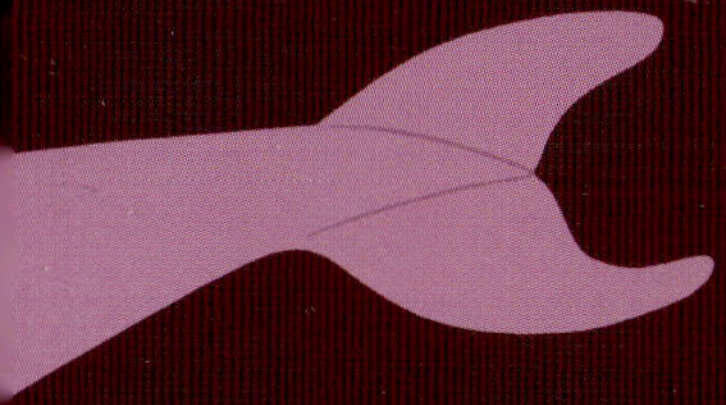

35

kilom

Le fauco
que le TG
la première sur sa proie.

1 an sans manger

Le fouette-queue, un étrange lézard, a tellement de réserves de graisse dans sa queue qu'il peut rester 1 an sans manger !

27 centimètres de diamètre

L'œil d'un calmar géant est plus gros qu'un ballon de basket !

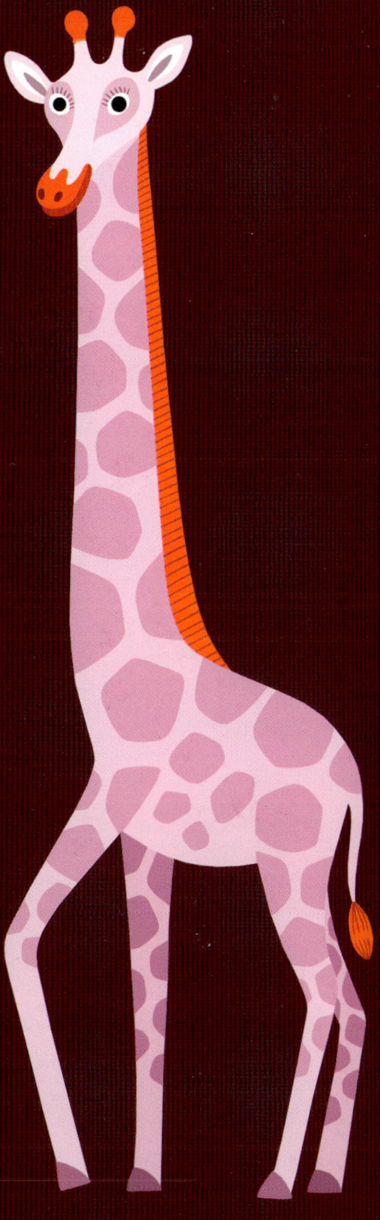

Près de 6 mètres de haut

L'animal le plus haut du monde, la girafe, peut dépasser un immeuble de 2 étages.

Réalisation graphique : Jean-François Saada.
Cet ouvrage a été réalisé avec la collaboration de Mily Cabrol (mise en pages).

Dépôt légal : 3e trimestre 2015.
ISBN : 978-2-7459-6305-5.
Imprimé en Espagne.

Wakou
ma p'tite encyclo nature

les animaux

Emmanuelle Figueras
illustré par Julie Mercier
et Florence Dellerie

MILAN

Le sommaire

Mon imagier

Partout sur la Terre

Sur la glace, dans le désert, au fond des océans ou de la jungle : les animaux vivent partout, même dans les endroits les plus inattendus. Chacun a son secret pour s'adapter aux différents milieux !

Le manchot empereur

En hiver, il fait très froid sur la banquise. Pour se réchauffer, les manchots se serrent les uns contre les autres et forment un grand cercle.

Le dromadaire

Dans le désert, l'eau est rare, et le dromadaire peut rester 2 semaines sans boire. Mais il est capable d'avaler le contenu d'une baignoire en quelques minutes !

La taupe

On n'y voit rien sous la terre ! Heureusement, la taupe a de longs poils sur son museau : ils lui permettent de détecter tous les obstacles.

La panthère des neiges

Pas besoin de doudoune pour vivre dans l'Himalaya ! Grâce à son épaisse fourrure, la panthère des neiges n'a jamais froid.

Le caméléon

Dans les arbres de la jungle, le caméléon ne tombe jamais : il enroule sa queue autour des branches.

Le ganga

Vite, un parasol ! Pour protéger les poussins du soleil du désert africain, les gangas écartent les plumes de leurs ailes.

Le léopard

Son pelage tacheté lui sert de tenue de camouflage dans les hautes herbes de la savane. Bien caché, il peut chasser sans être vu !

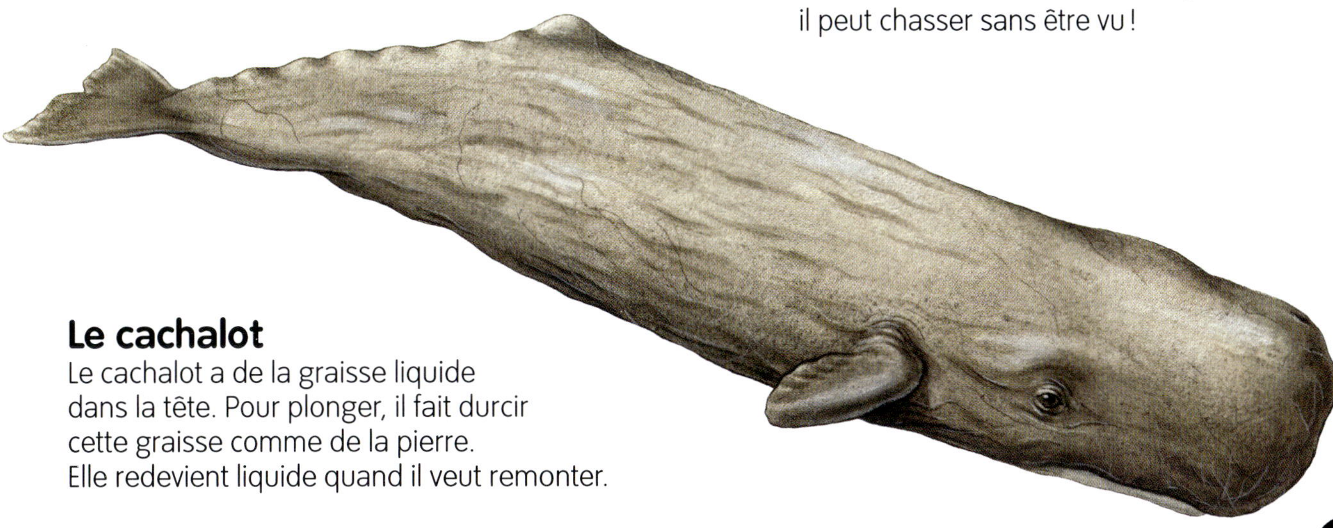

Le cachalot

Le cachalot a de la graisse liquide dans la tête. Pour plonger, il fait durcir cette graisse comme de la pierre. Elle redevient liquide quand il veut remonter.

Mon album

Tous différents !

Qui a des plumes ? Des poils ? Des mamelles ? Six pattes ? Les animaux sont tous différents ! Pour mieux les comprendre et les étudier, les scientifiques les ont classés en plusieurs grandes familles.

Comme tous les mammifères, la maman tigre a des mamelles : elle donne naissance à des petits qui tètent son lait.

Même si elle ne vole pas, l'autruche est un oiseau ! Elle a deux ailes, un bec et des plumes, et elle pond des œufs.

Oh, la jolie coccinelle !
Ce petit animal est un insecte : son corps est divisé en trois parties, et elle marche sur six pattes.

Quatre pattes et une carapace sur le dos ?
Tiens, voilà une tortue de mer ! Elle fait partie du groupe des reptiles. La tortue-luth est la plus grande de toutes.

La salamandre n'a ni plumes, ni poils, ni écailles : sa peau est nue. Elle vit près des mares. C'est un amphibien.

De plus près

Le fil de l'araignée

L'araignée n'est pas un insecte. Son corps est divisé en deux parties, et elle marche sur huit pattes. Elle fabrique la soie la plus solide du monde !

Comment ça marche ?

L'araignée fabrique de la soie liquide dans son ventre. Puis elle l'expulse par de petits canaux. La soie se transforme en fil au contact de l'air.

Fil à tout faire

Ce fil de soie est très important pour l'araignée. Il lui sert à tisser sa toile pour piéger des insectes, à se déplacer et à envelopper ses œufs pour les protéger des autres animaux.

Zoom

C'est quoi ?

Réponses page suivante.

Zoom

C'est quoi ?

Réponses

La mouche

Ses gros yeux formés de milliers de facettes lui offrent une vue très élargie. Elle peut voir ce qui se passe derrière elle !

Le fennec

Oh, les grandes oreilles ! Grâce à elles, le petit renard du désert peut entendre une sauterelle marcher sur le sable et capter les bruits d'insectes et de rongeurs sous la terre !

Le bombyx

Les antennes de ce papillon de nuit sont une sorte de nez ultraperfectionné. Elles détectent l'odeur d'une femelle à plusieurs kilomètres de distance.

La loutre

Elle sait où se trouvent les poissons, même quand l'eau est trouble ! Ses moustaches captent les mouvements de ses proies dans la rivière.

La mue du serpent

Les serpents ne s'arrêtent jamais de grandir. Ils changent de peau plusieurs fois par an, comme on enfile un vêtement plus grand, adapté à sa nouvelle taille. Cela s'appelle la *mue*.

Attention, fragile

Dès qu'il se sent trop serré dans sa peau, le serpent se prépare à muer. Il se couche dans son terrier et s'arrête de manger pendant 7 à 10 jours, le temps que sa vieille peau soit remplacée par une autre !

Un corps tout neuf

Ça y est, la peau du serpent se détache de son corps : elle ressemble à une chaussette toute ratatinée ! Pour s'en débarrasser, le serpent doit se frotter contre des pierres et la faire glisser le long du corps.

Ouvre l'œil !

Coureur d'élite

Le guépard est l'animal le plus rapide sur terre. Quand il chasse, il peut aller aussi vite qu'une voiture sur l'autoroute.

Sa queue

Elle sert de contrepoids pour garder l'équilibre dans les virages, quand le guépard change brusquement de direction.

Ses pattes

Grâce à ses pattes longues, fines et musclées, il peut faire de très grandes foulées !

Champions toutes catégories

Saut en parachute
L'écureuil volant fait des vols planés grâce à un morceau de peau qui s'étend de chaque côté du corps quand il écarte les pattes !

Ski nautique
Le basilic vert est capable de courir sur l'eau sans s'y enfoncer !

Acrobranche
Le gibbon se déplace très vite de branche en branche à la force de ses bras.

Sa cage thoracique
Elle abrite un cœur et des poumons énormes qui lui permettent de bien respirer pendant la course.

Ses coussinets
Ils sont larges, épais et rugueux comme des semelles de tennis. Pratique pour ne pas déraper !

À toi de jouer !

Construis un abri pour les hérissons

De quoi as-tu besoin ?

bûches de bois

feuilles mortes

bâche

pierres

Dès la fin de l'automne, le hérisson part à la recherche d'un abri pour passer l'hiver au chaud : on dit qu'il *hiberne*. Rends-lui service en construisant vite fait bien fait un petit nid douillet.

1 Dépose un petit tas de feuilles mortes à l'abri du soleil, de la pluie et du vent.

2 Entasse plusieurs bûches de bois sur les feuilles mortes. Laisse une ouverture au sol pour que le hérisson puisse entrer.

3 Recouvre le tas de bois avec une bâche pour protéger l'abri.

4 Pose des pierres sur la bâche pour qu'elle ne s'envole pas.

5 Ça y est, l'abri est prêt ! Un hérisson ne tardera pas à s'y installer.

6 Tu peux observer de loin les allées et venues du hérisson. Mais ne le dérange surtout pas quand il hibernera.

Mon album

C'est moi le plus beau !

Concours de chant, de danse ou d'acrobaties, les animaux sont très créatifs quand il s'agit de séduire une demoiselle. C'est l'heure de la parade amoureuse ! Plus tard, naîtront de beaux bébés.

Quel vacarme !
Juste avant l'automne, le cerf pousse des cris rauques qui résonnent dans toute la forêt. Il brame pour attirer les biches.

Oh, le beau ballon rouge !
Chez les frégates, le mâle a un truc imparable pour séduire : il gonfle la peau de sa gorge.

Un pied en l'air l'un après l'autre, le fou à pieds bleus se transforme en danseur professionnel pour charmer sa belle.

En pleine mer, les baleines à bosse jouent les acrobates. Les mâles peuvent sauter très haut pour impressionner les femelles !

Pouah ! Les makis catta se battent à coups de mauvaises odeurs : celui qui sent le plus mauvais gagne la femelle !

« Coa coa ! C'est moi qui chante le plus fort ! »
Les rainettes sont toutes petites, mais leurs cris d'amour sont très bruyants.

Gros chantier !

Les castors construisent de super cabanes aquatiques.

Hector le castor nous livre ses secrets d'architecte.

Comment as-tu construit ta maison sur la rivière ?

J'entasse d'abord des branches les unes sur les autres. Je consolide mon abri avec des pierres et de la boue. Puis je creuse une porte d'entrée sous l'eau pour accéder à la chambre.

Peux-tu me décrire l'intérieur de ta maison ?

Elle a deux étages : en bas, il y a un endroit pour se sécher ; en haut, une litière douillette garnie de copeaux de bois.

Ne fait-il pas trop froid l'hiver sur la rivière ?

Ah non alors ! Il fait très bon dans ma maison. De toute façon, notre pelage est très épais pour supporter les températures les plus basses.

Qui vit dans ta maison ?

Ma famille. Ma compagne et moi avons eu des enfants l'an dernier : ils sont déjà grands ! Cette année, trois petits sont nés : ils tètent encore leur maman.

À quoi servent les barrages que tu construis ?

À faire monter le niveau de l'eau. Ma famille et moi ne sommes en sécurité que si l'entrée de la maison est cachée dans la rivière. C'est aussi dans l'eau que nous gardons notre nourriture. Et j'ai besoin de profondeur pour nager : je déteste marcher !

Tu travailles toujours tout seul ?

Pas du tout ! Dès que mes petits sont assez grands, ils m'aident. Et c'est ma compagne qui dirige le chantier. Les enfants apprennent à couper un arbre avec leurs dents, à agrandir le terrier avec leurs griffes... tout le métier de castor quoi !

Cherche et trouve

La Grande Barrière de corail

La Grande Barrière de corail se trouve en Australie. Elle est faite de colonies de coraux et abrite de nombreux animaux marins. Observe bien cette scène et retrouve les six animaux ci-contre.

Un petit sourire!
Le poisson-clown
La raie manta
Le bernard-l'ermite
La seiche
L'hippocampe
La tortue verte

Mon roman-photo

Bienvenue, **petit éléphant !**

Coucou ! Après avoir passé 22 mois dans le ventre de sa maman, l'éléphanteau découvre le monde qui l'entoure… Mais il n'a pas encore de défenses et suit sa mère partout !

Il est né il y a à peine quelques heures, mais il doit déjà se lever. Sa maman l'encourage : allez, debout !

Dans la savane, les lions rôdent… Vite, il faut rejoindre le troupeau !

La femelle la plus âgée donne le signal du départ. Mais où est maman ?

La voilà ! À ses côtés, l'éléphanteau est en sécurité.

Ce n'est pas facile de suivre la harde quand on est si petit ! Tous ces kilomètres à pied, c'est long…

Une pause, enfin… Vite, une tétée !

Du bon lait tiède pour reprendre des forces…

… et un petit dodo contre les pattes de maman !

Mon roman-photo

Direction la mare ! Maman boit beaucoup d'eau par jour…

Oh la la ! Il va falloir apprendre à se servir de cette énorme trompe pour boire et s'asperger d'eau !

C'est plus drôle de se baigner ! L'éléphanteau n'a rien à craindre des crocodiles, tous les adultes le surveillent.

Après la douche, un bon bain de poussière ! C'est le meilleur moyen de se débarrasser des petites bêtes qui piquent.

Trop drôle, la bagarre avec les copains…
En jouant, l'éléphanteau teste aussi sa force.

Après cette longue journée,
un gros câlin, ça fait du bien !

La récré est finie, maman se remet en marche
tout en continuant à manger de l'herbe !

Le soir tombe sur la savane.
L'éléphanteau peut dormir tranquille.
Sa maman s'occupe de lui jusqu'à ses 6 ans.
Il a le temps de bien grandir !

Nourris les oiseaux en hiver

En hiver, quand il fait très froid, les oiseaux ont du mal à trouver de la nourriture. Aide-les en cuisinant des gâteaux de graines. Succès assuré !

De quoi as-tu besoin ?

graisse de porc (saindoux)

casserole

cuillère en bois

graines pour oiseaux

gobelet en plastique

petit morceau de bois

ficelle

1 Avec l'aide d'un adulte, fais fondre de la graisse de porc dans une casserole, puis ajoute des graines pour oiseaux.

2 Accroche de la ficelle autour d'un petit morceau de bois.

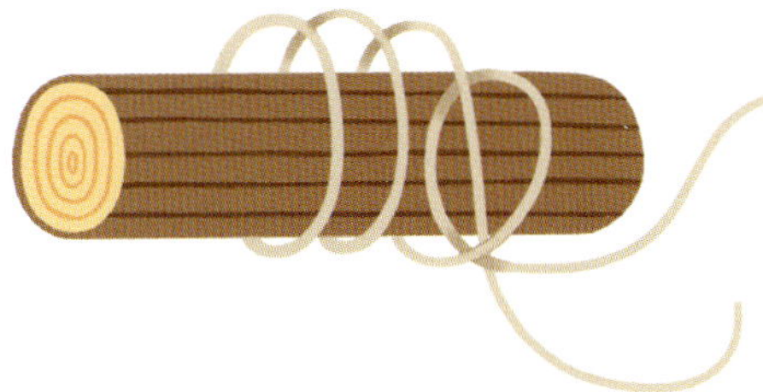

3 Dépose le bout de bois au fond du gobelet en laissant l'extrémité de la ficelle pendre à l'extérieur.

4 Verse le mélange graisse/graines dans le gobelet, puis laisse-le refroidir.

5 Quand la graisse est complètement solide, démoule-la du gobelet.

6 À l'aide de la ficelle, suspends le mélange à une branche d'arbre, dans un endroit abrité. Les oiseaux viendront rapidement se nourrir !

Mon album

À l'heure du casse-croûte

Certains mangent de la viande ou du poisson, d'autres préfèrent les plantes… Les animaux n'ont pas tous les mêmes goûts. Mais ils savent faire preuve d'ingéniosité pour trouver leur nourriture en se fatiguant le moins possible !

Par un simple claquement de pinces, la crevette-pistolet assourdit ses petites proies, qu'elle avale aussi sec !

Les lions traquent leurs proies à plusieurs la nuit, quand il fait moins chaud. La journée, ils se reposent et font de très longues siestes.

Quand il a faim, le requin-baleine nage la gueule ouverte, engloutissant le plancton et les petits poissons qui se trouvent sur son chemin.

Le crocodile du Nil est prévoyant : une grande partie de ce qu'il mange est stockée dans sa queue sous la forme de graisse. Ensuite, il peut rester plus de 1 an sans manger !

Le panda passe ses journées à manger des bambous. Il ne s'éloigne jamais de son garde-manger et vit au ralenti.

POLE NORD

Une histoire

Le grand voyage de Mikko le baleineau

de Pascale Hédelin

MIKKO LE BALEINEAU adore plonger, souffler des jets de vapeur pour asperger les mouettes... et téter le bon lait de sa maman. Mais ce qu'il aime par-dessus tout, c'est chanter ! Hélas, Mikko chante faux. Les tortues vertes et les dauphins en ont assez !

« Quel chahut !

— Tu nous casses les oreilles !

— Tais-toi un peu ! »

Mikko est vexé, mais continue à chanter. C'est plus fort que lui.

Un jour, sa maman lui annonce :

« Mimi chéri, nous allons faire un très grand voyage jusqu'au pôle Nord ! Là-bas il y a plein de bonnes choses à manger pour nous, les baleines bleues. Je suis venue ici, dans l'océan Atlantique, pour te mettre au monde dans des eaux chaudes. Maintenant tu es assez grand pour rentrer avec moi ! »

Les voilà partis à travers le vaste océan. Tout est nouveau pour Mikko ! Il explore, va et vient en tous sens. Sa maman, inquiète, ne le quitte pas d'une nageoire ! Mais à force de tournicoter elle en perd ses repères :

« Nom d'une crevette ! Mais où sommes-nous ? Nous sommes perdus ! »

Soudain, bam, Mikko, qui rêvasse, heurte un vieux requin !

« Oh, pardon ! Dites, vous ne savez pas où est le pôle Nord ?

— Si… mais je déteste qu'on me bouscule, et tu m'as fait mal à l'aileron ! », grogne le requin, très fâché.

Comment se faire pardonner ? Mikko réfléchit.

« Je vais lui chanter une chanson bien sûr ! Ça va le mettre de bonne humeur, et il nous aidera !

Une sardine verte qui nageait dans… »

Mais le requin s'écrie :
« Pitié, tu chantes trop faux ! Je vais t'indiquer le chemin, mais arrête de chanter, nom d'une méduse ! »
Et c'est ainsi que Mikko et sa mère reprennent leur voyage. La route est longue, Mikko en a assez !
Pourtant, peu à peu les eaux refroidissent.
Enfin, un beau jour, ils atteignent l'océan Arctique.
Affamée, la maman de Mikko se gave de minicrevettes.
Mikko, joyeux, se met évidemment à… chanter :
« *Ainsi font font font les petits baleineaux…* »
À sa grande surprise, les phoques et les morses, charmés, s'exclament :
« Bravo !
— Quelle belle voix !
— Encore ! »
Au cours du voyage, Mikko a beaucoup grandi, sa voix s'est transformée et est devenue très belle.
C'est décidé : il sera le meilleur chanteur des deux océans !

Le poisson porc-épic
Impressionnant ! Dès qu'il se sent menacé, il aspire de l'eau pour se transformer en boule hérissée d'épines. Personne ne peut l'avaler.

Kaléidoscope

Les rois de la triche

Les animaux jouent la comédie, se cachent, se gonflent ou se roulent en boule : quand ils ne sont pas très costauds, ils inventent des stratagèmes incroyables pour échapper à leurs ennemis !

Le hérisson
Quand il a peur, il se roule en boule, protégé par tous ses piquants !

Le phasme

Lui, c'est l'animal invisible !
Capable de rester longtemps immobile sur une feuille, il ne bouge que la nuit, quand ses ennemis, les oiseaux, dorment.

La couleuvre à collier

Un danger ? Hop, elle fait semblant d'être morte ! Et, comme en plus elle sent mauvais, ses ennemis la laissent tranquille.

Le scinque à langue bleue

Si on l'embête, il tire la langue pour faire croire qu'il est venimeux ! Mais, en réalité, ce n'est pas vrai…

Ouvre l'œil !

Les armes du requin blanc

Avec sa grande taille et sa redoutable mâchoire, le grand requin blanc est une vraie machine de guerre. Il s'attaque surtout aux phoques et aux otaries pour se nourrir.

Son odorat

Rien ne lui échappe.
Son nez détecte une goutte de sang dans une grande étendue d'eau !

Son museau

Les points noirs sur son museau lui permettent de s'orienter et de repérer les battements du cœur d'un animal enfoui sous le sable.

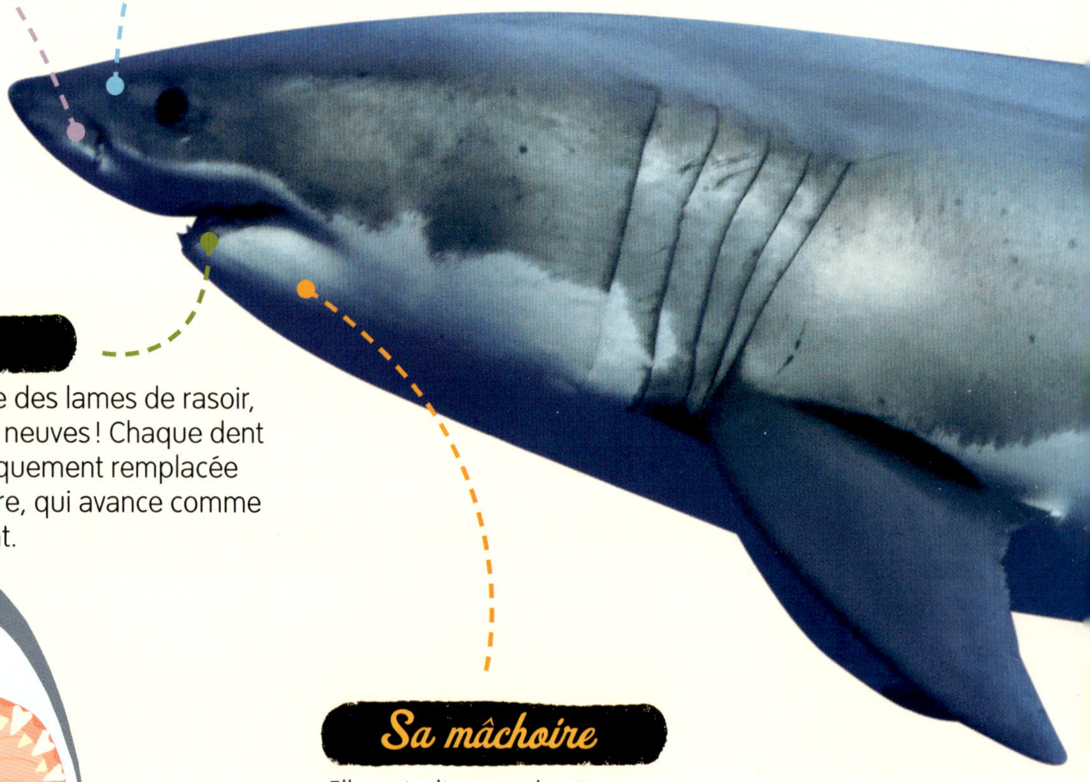

Ses dents

Coupantes comme des lames de rasoir, elles sont toujours neuves ! Chaque dent usée est automatiquement remplacée par celle de derrière, qui avance comme sur un tapis roulant.

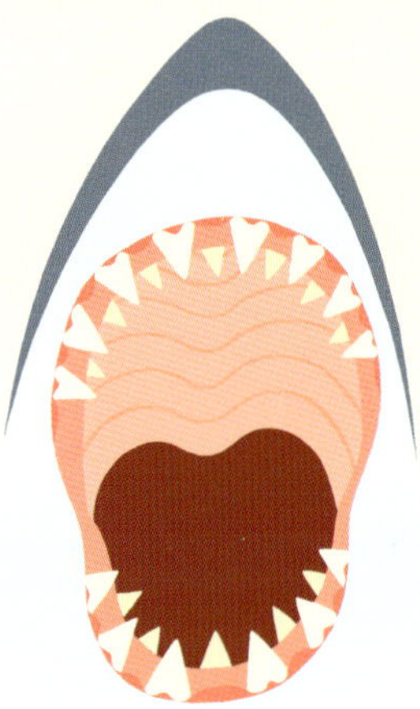

Sa mâchoire

Elle est ultrasouple et peut s'ouvrir en grand pour mordre sa proie !

Outils de chasse

Le jaguar
Ses canines ressemblent à des poignards. Elles sont assez solides pour briser la carapace d'une petite tortue !

Le pivert
Le pivert capture les fourmis avec sa longue langue collante, qu'il rentre et sort à toute vitesse. Slurp !

Le cobra royal
Il se nourrit d'autres serpents en les mordant : ses crochets venimeux diffusent un poison très violent qui les paralyse.

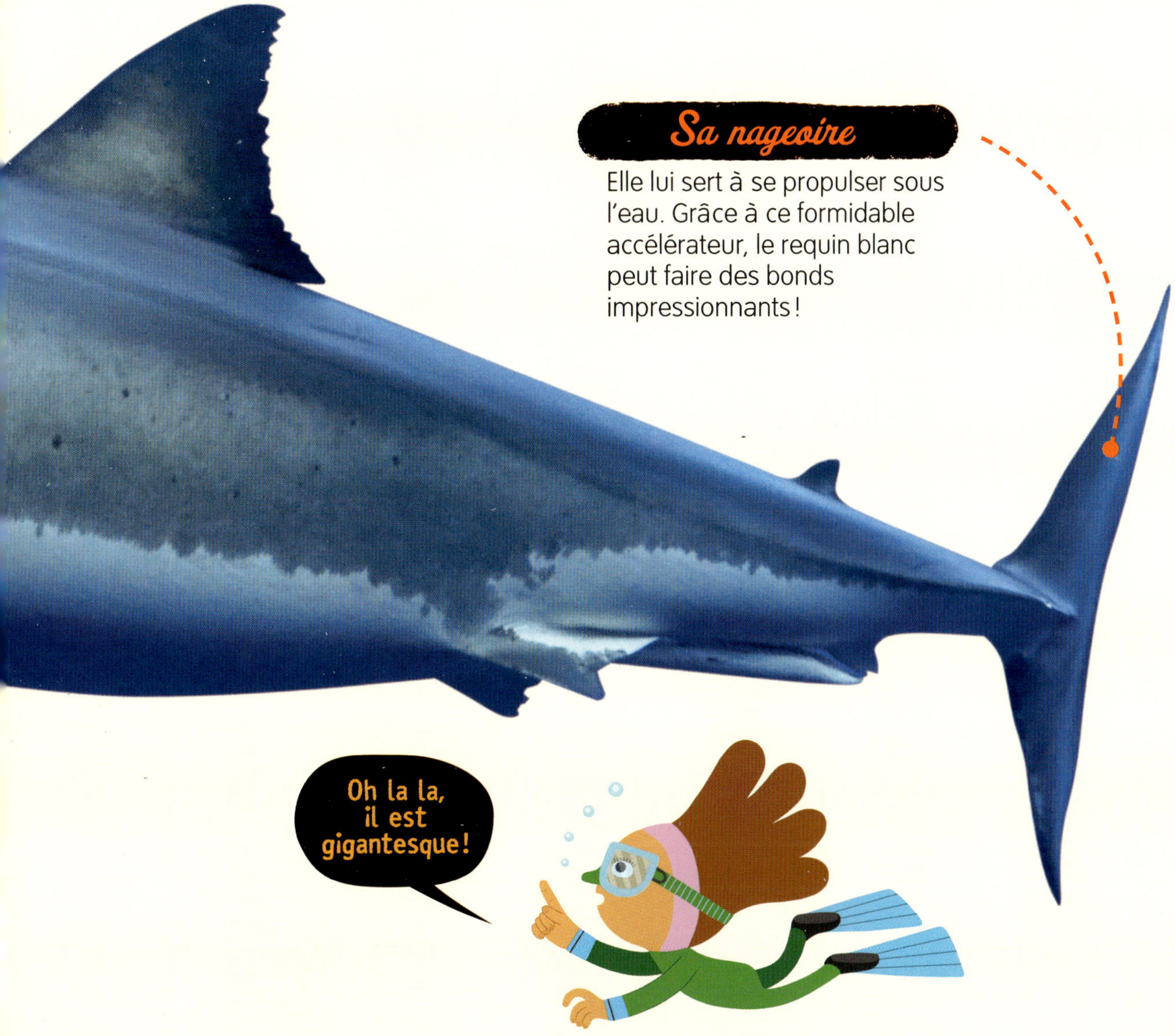

Sa nageoire
Elle lui sert à se propulser sous l'eau. Grâce à ce formidable accélérateur, le requin blanc peut faire des bonds impressionnants !

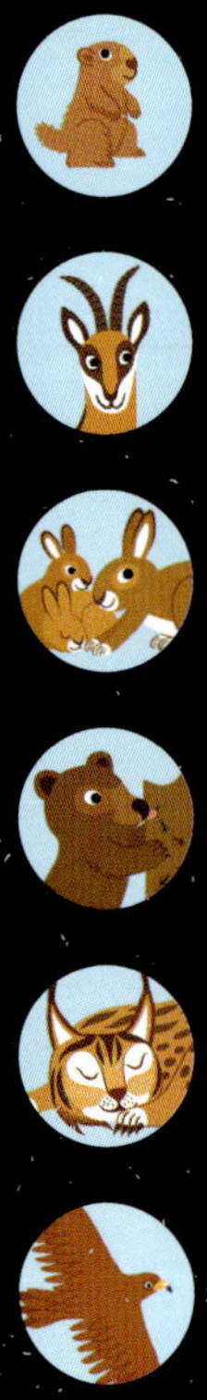

Cherche et trouve

Là-haut sur la montagne

En montagne, la vie est rude. Mais les animaux se sont habitués au froid de l'hiver et aux pentes escarpées. Observe bien cette scène et retrouve les six animaux ci-contre.

Le lynx
L'ours brun
Le lièvre

Kaléidoscope

Tout le monde au bain !

Dans la nature, la propreté est une question de survie. Poils, plumes, pattes, peau… tout doit être impeccable ! La toilette est indispensable pour être en bonne santé.

Le chat
Il déteste l'eau ! Pour se laver, il utilise sa salive comme savon, et ses pattes comme gants de toilette !

Le flamant rose
Avec son bec, il prend une goutte d'huile sur son croupion, puis il la passe sur ses plumes pour les lisser et les rendre imperméables.

L'hippopotame
Rien ne vaut un bon bain de boue pour protéger sa peau, sensible aux coups de soleil !

Le buffle
Il laisse à des animaux, appelés pique-bœufs, le soin de picorer les petites bêtes qui vivent sur ses poils. Pratique !

La sauterelle
Coquette, la belle ! Elle nettoie ses pattes tous les jours pour enlever les restes de nourriture.

Mon imagier

Au dodo !

Tous les animaux ont besoin de repos ! Couché, debout, à l'envers, sur un matelas de branches ou dans un nid, chacun a son lit et sa façon de dormir !

La chouette hulotte

Dès que le soleil se lève, elle retourne dans son nid, au sein d'un arbre creux, pour récupérer de sa nuit de chasse.

Le poisson-perroquet

Il s'enroule dans un petit sac de couchage fabriqué avec une matière gluante qu'il a dans son corps.

Le koala

Champion du sommeil, il dort à longueur de journée ! Il économise son énergie, car les feuilles d'eucalyptus qu'il mange ne lui en donnent pas beaucoup.

L'orang-outan

Chaque soir il refait son lit en haut d'un arbre de la jungle. Et, pour le rendre plus moelleux, il ajoute des feuilles et des brindilles.

La girafe

Elle se couche rarement et préfère dormir debout. En cas de danger, il lui faudrait trop de temps pour relever son grand corps !

L'étourneau

Tous au dortoir ! Les étourneaux se regroupent par milliers pour dormir sur un arbre.

La chauve-souris

Même à l'envers, elle ne tombe jamais : ses griffes se resserrent sur la paroi et restent bloquées pendant son sommeil.

Le marsouin

Une moitié de son cerveau se repose pendant qu'il nage. Mais l'autre moitié reste éveillée !

Quels bavards !

La mésange zinzinule, l'otarie aboie, le dauphin siffle, le singe crie… Les animaux ont chacun leur langage et leur façon de communiquer.

La petite otarie à fourrure apprend à aboyer dès la naissance. Si elle se perd, sa mère pourra toujours la retrouver !

En haut de son arbre, le singe vert a vu une panthère… Il pousse un cri d'alarme pour prévenir sa famille : « Tous aux abris ! »

« Coucou, c'est moi ! » Sous l'eau, les dauphins sifflent pour se dire bonjour. Ils ont tous un sifflement différent et se reconnaissent à la voix.

« Par ici, les copines ! » L'abeille danse pour indiquer aux autres ouvrières où se trouvent les fleurs à butiner.

Chez les mésanges charbonnières, c'est le mâle qui chante pour avertir les voisins : « C'est mon territoire ! »

Mon roman-photo

La vie de famille **des chimpanzés**

Le chimpanzé est l'animal qui nous ressemble le plus. Normal, il est notre cousin le plus proche ! Aussi à l'aise sur terre que dans les arbres, il vit en famille dans les forêts d'Afrique.

C'est le matin, les chimpanzés se réveillent. Ils quittent le nid douillet qu'ils ont construit dans les arbres.

Hop ! En route pour le petit-déjeuner…

Au sol, un grand mâle très costaud a trouvé un gros fruit d'arbre à pain.

Avec leurs mains agiles, les adultes se partagent sa chair sucrée. Miam, c'est bon !

Ce jeune chimpanzé préfère les termites ! Mais il doit être très patient pour en attraper…

Gagné ! À force de s'entraîner, il réussit à piéger les insectes avec sa baguette bien taillée.

Comment ça marche ? Son petit frère ne sait pas attraper les termites. Sa maman le lui apprendra bientôt.

En attendant, il préfère s'amuser avec son copain. Ses blagues le font éclater de rire !

Pendant ce temps, d'autres chimpanzés font leur toilette. Il faut bien regarder partout pour enlever les parasites.

C'est aussi l'occasion de se faire des papouilles. C'est agréable de vivre en famille…

… et de profiter de la tendresse de sa maman !

Après la sieste, les mâles partent contrôler les alentours. Pas question qu'un danger menace la famille !

Personne ici ? La patrouille surveille attentivement la forêt…

Tout va bien !
Le chef, un vieux chimpanzé très malin, est de retour avec son groupe. La famille est en sécurité.

Cherche et trouve

Sur la banquise

Les rares animaux qui vivent sur la banquise ne craignent ni le froid ni le vent glacial. Observe bien cette scène et retrouve les six animaux ci-contre.

L'albatros
Le pingouin
Le morse
Rien de tel qu'un bon manteau pour nous, les humains.
La mouette blanche
Le renard polaire

Mon imagier

Disparus !

Où sont passés le dodo, le tigre de Tasmanie et le quagga ? Inutile de les chercher, ces animaux n'existent plus dans la nature ! Ils ont tous disparu !

Le grand pingouin
Les hommes l'ont chassé pour sa chair et ses œufs.

Le tigre de Tasmanie
Les fermiers australiens l'ont poursuivi pour qu'il ne mange pas leurs moutons.

Le dodo
Trop lourd pour voler, il se dandinait dans les forêts de l'île Maurice. Difficile d'échapper à ses ennemis dans ces conditions.

La rhytine de Steller
Cette énorme vache des mers broutait des algues au fond de l'océan. Chassée pour sa chair excellente, elle a très vite disparu !

Le crapaud doré

Il vivait au Costa Rica, en altitude. Il n'a certainement pas survécu au changement de climat.

Le quagga

« Quaha ! » : c'était le cri de ce drôle de zèbre. Il a été tellement chassé qu'il n'en reste plus un seul.

Le phoque moine des Caraïbes

Il était trop lent pour échapper aux chasseurs, intéressés par sa peau et sa viande.

Le lion de l'Atlas

Le plus impressionnant des lions peuplait toute l'Afrique du Nord. Il n'en n'existe plus en liberté.

Sauvé!

Ce petit cheval sauvage a failli disparaître...

Des hommes l'ont sauvé ! Simon l'étalon nous raconte son incroyable histoire.

Es-tu vraiment un cheval sauvage ?

Ah oui alors ! Personne n'est jamais monté sur mon dos... D'ailleurs, si on m'approche trop, je mords, je me cabre et je donne des coups de sabot ! On m'appelle le *cheval de Prjevalski*. Comme le lion ou la baleine, je vis en liberté dans la nature.

Raconte-nous pourquoi ta famille a failli disparaître.

Toute ma famille vient des plaines de Mongolie, où nous étions très nombreux ! Mais nous avons été tellement chassés que nous avons disparu de la nature. Mes grands-parents, eux, ont été capturés et emmenés dans un zoo.

Où es-tu né ?

Je suis né et j'ai grandi avec mes parents sur le causse Méjean, en France : c'est un endroit magnifique qui ressemble aux plaines de Mongolie. Mais, un jour, nous avons été capturés et placés dans des caisses en bois.

Dans des caisses en bois ?

Oui. Les hommes m'ont donné des médicaments qui m'ont un peu endormi... Je me suis réveillé dans un endroit que je ne connaissais pas.

Tu étais tout seul ?

Heureusement, non. Quand je suis sorti de ma caisse, j'ai retrouvé mes parents, mes frères et sœurs. Il faisait un peu froid... En fait, nous étions de retour sur la terre de nos ancêtres, en Mongolie ! Enfin libres !

Comment vis-tu maintenant ?

Très bien ! D'autres chevaux nous ont rejoints depuis mon arrivée ici. J'ai grandi et rencontré une belle jument avec laquelle je compte fonder une famille. Nos enfants vont naître ici. Ils seront libres et sauvages comme nous !

L'index

Dans la même collection

Les animaux
Les bébés animaux
Les dinosaures
La ferme
La mer
Les petites bêtes
Les poneys
Les quatre saisons

À paraître

Les volcans

Crédit photographique

ILLUSTRATIONS : Julie Mercier : couverture, mascottes, 2-3, 4-5, 6-7, 12, 15, 17, 18-19, 24-25, 30-31, 34-37, 40, 42-43, 54-55, 62-63. **Florence Dellerie :** 8-9, 46-47, 56-57.
COUVERTURE : IStockphoto : Joakim Leroy (branche) ; GlobalP (chimpanzé, koala, tigre) ; Creativeye99 (girafe) ; Bart Sadowski (grenouille) ; natalie-claude (hérisson) ; leksele (manchot) ; edurivero (toucan).
QUATRIÈME DE COUVERTURE : Biosphoto : Alain Mafart-Renodier (éléphant) ; Kenneth W. Fink/Ardea (fennec) ; Thomas Dressler (guépard) ; Michel Gunther (mouche) ; Taketomo Shiratori/Photoshot (poisson porc-épic). **Photononstop :** Mauritius images/image broker/IB/Mauritius (requin blanc).
INTÉRIEUR : Biosphoto : 10-11 : Chris Brunskill/Ardea (hg), Michel & Christine Denis-Huot (bg), Thomas Lohrer/Flora Press (hd), Sylvain Cordier (md), Luis Casiano (bd) ; 13 : Francisco Javier Torrent Andres (hg), Kenneth W. Fink/Ardea (hd), Michel Gunther (bg), Ingo Arndt/Foto Natura/Minden Pictures (bd) ; 14 : Michel Gunther (hg, bg), Kenneth W. Fink/Ardea (hd) ; 16-17 : Thomas Dressler (guépard) ; 17 : S. & D. & K. Maslowski/FLPA (hg), Brian Bevan/Ardea (hm), Juan Carlos Muñoz (hd) ; 20-21 : Juan Carlos Muñoz (hg), David Santiago Garcia (mg, bg), Brandon Cole (hd), Dominique Delfino (md), Jean-Philippe Delobelle (bd) ; 22-23 : Rinie Van Meurs/Foto Natura/Minden Pictures (hg), Juniors (bg1), Rémi Masson (bg2), Tom & Pat Leeson/Ardea (md), Fabrice Simon (hd) ; 26 : Jean-Michel Labat (hg), Michel & Christine Denis-Huot (hd), Jean-Jacques Alcalay (bg, bd) ; 27 : Jean-Jacques Alcalay (h), Alain Mafart-Renodier (bg, md, bd) ; 28 : Alain Mafart-Renodier (h, bg), Michel & Christine Denis-Huot (md, bd) ; 29 : Brigitte Marcon (hg), Robert Henno (mg), Michel & Christine Denis-Huot (hd, b) ; 32-33 : Steve Trewhella/FLPA (hg), Michel & Christine Denis-Huot (bg), Reinhard Dirscherl (hd), Brigitte Marcon (md), Fritz Pölking (bd) ; 38-39 : Taketomo Shiratori/Photoshot (hg), Frédéric Desmette (bg), Régis Cavignaux (hd), Daniel Heuclin (md), Gerry Ellis/Minden Pictures (bd) ; 41 : Bruno Pambour (hg), Markus Varesvuo (hm), Olivier Born (hd) ; 44-45 : Claudius Thiriet (hg), Theo Allofs (bg1), P. & M. Guinchard (bg2), Michel & Christine Denis-Huot (hd, bd) ; 48-49 : Tui De Roy/Minden Pictures (hg), Nigel J. Dennis (bg), Gérard Soury (hd), Michel Rauch (md), Bill Coster/FLPA (bd) ; 50 : Michel Gunther (h, bg), Suzi Eszterhas (bd) ; 51 : Suzi Eszterhas (h, mg, bg, bd) ; 52 : Suzi Eszterhas (hg, hd, bg, bd) ; 53 : Suzi Eszterhas (hg, hd), Christophe Courteau (b) ; 58-59 : Michel Gunther (hg), Éric Dragesco (bg1), Jean-François Hellio & Nicolas Van Ingen (bg2, md1, md2). **Graphic Obsession :** 14 : Purestock/Graphic Obsession (bd). **Photononstop :** 40-41 : Mauritius Images/Image Broker/IB/Mauritius/Photononstop (requin blanc).

Près de 200 tonnes

Le plus gros animal de la Terre est la baleine bleue. Son poids peut être égal à celui de 10 autobus environ !

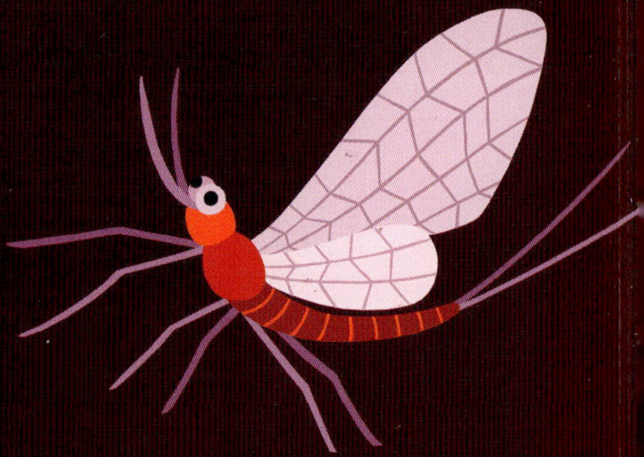

110 kilomètres/heure

Très rapide, le guépard peut courir à la vitesse d'une voiture sur l'autoroute.

1 journée de vie

L'éphémère, quand il est adulte, vit le temps d'une journée seulement.

3 centimètres de long

La chauve-souris bourdon est le plus petit mammifere du monde. Elle n'est pas plus longue qu'un petit doigt d'adulte.